AF360272

LIGUE POUR LA RÉGÉNÉRATION DE LA RUSSIE

QUE FONT LES BOLCHEWIKS ?

PAR

Dᴿ NATHALIE WINTSCH-MALÉEFF

Prix : **20 c.**

LAUSANNE

ASSOCIATION A. HERZEN (Editions populaires)

1919

Imprimerie Th. Eberhard, Lausanne

QUE FONT LES BOLCHEWIKS?

Nous avons dépouillé assez longuement un certain nombre de journaux bolchewiks — les seuls qui existent en Russie. Il n'est pas facile de s'en procurer, car le pays des Soviets empêche rigoureusement la sortie des journaux. Il est cependant utile d'avoir un tableau du régime des bolchewiks, peint par eux-mêmes. Ils ne pourront ainsi prétendre aux mensonges de la presse capitaliste et aux calomnies des socialistes russes antibolchewiks. Nous allons les laisser parler. Des faits et pas de théorie.

Sur la production.

Sur les trente journaux, de grand format, que nous avons eu en mains, les nouvelles d'ordre économique, industriel, sur l'organisation du travail sont fort rares. Nous donnons ici tout ce que nous avons recueilli. C'était d'ailleurs le sujet qui, comme socialiste, nous intéressait le plus. On trouve par exemple la fanfaronnade que voici :

> Dans le gouvernement d'Ivanovo-Voznessensk, toutes les fabriques travailleront mues par la tourbe. Il n'est pas difficile de transformer les machines en vue de ce combustible. On pourra même couvrir tous les villages d'alentour par un réseau électrique, de même que le chauffage des maisons paysannes et ouvrières pourra aussi se faire à la tourbe, car de cette tourbe nous en avons énormément et elle ne coûte rien. Nous avons d'immenses marais tout proches qui devront être nationalisés. Sur une partie de ces marais fonctionnent déjà quatre machines à vapeur pour extraire la tourbe. *(Bednota, La pauvreté,* 21 sept. 1918.)

C'est comme si on prétendait chauffer et éclairer la moitié du canton de Vaud avec quatre machines à extraire la tourbe.

Voici une autre nouvelle d'une inconscience pareille :

> *Construction de chemins de fer.* — Le contingent des constructions d'Etat a accordé 5 millions de roubles pour continuer les travaux de la ligne Petrograd-Novgorod, Louga-Novgorod et Valdaï-Novgorod. Cette même somme doit suffire aux travaux préliminaires de la ligne Viazma-Orel.
> *(Prawda, La vérité,* 20 sept. 1918.)

Rien que le trajet Petrograd-Nowgorod compte 300 kilomètres et la somme de 5 millions de roubles est une dérision pour assurer des travaux dans ces régions.

Voici qui devient plus clair:

Fermeture temporaire de l'usine de Kolomna. — Pour manque de combustible, l'usine est fermée du 15 septembre au 15 octobre. Les ouvriers sont considérés en congé durant les deux premières semaines. Pendant cette fermeture la direction fera tous les travaux nécessaires de réparations, de transformations, nettoyages, etc.

(*Prawda,* 20 sept. 1918.)

Et voici qui est tout à fait éloquent:

Dans le gouvernement de Riazan existent une centaine d'usines. Ces usines ne travaillent pas actuellement, car une partie en est pillée, une partie est abandonnée par ses propriétaires-saboteurs, et une partie est arrêtée parce que simplement le travail ne peut pas se mettre en train.

(*La pauvreté,* 24 sept. 1918.)

Nous le répétons, ces quatre notes sont les seules que nous ayons trouvées dans les organes directeurs du régime bolchewik. L'organisation du travail sur des bases scientifiques et civiques est, on le sait, le grand problème que se sont donné toutes les écoles socialistes, depuis Owen jusqu'aux syndicalistes français — car la libération du travail et des travailleurs est le vrai but du socialisme. Pour les bolchewiks, cette base de toute renaissance de la civilisation n'a aucune importance.

Sur l'instruction du peuple.

Le domaine de l'instruction publique intéresse

très peu les bolchewiks. On ne parle que rarement d'écoles dans leur Société. Trois ou quatre notes seules nous indiquent que la culture bolchewike vise à faire bien plus des politiciens et des fonctionnaires que de futurs citoyens sachant se servir de leurs mains, de leurs yeux, de leur intelligence, clairvoyants et actifs dans la production manuelle et intellectuelle :

Union des instituteurs internationalistes. — Sébège, 19 septembre. — Le Congrès des instituteurs s'est terminé aujourd'hui. Il est formé l'« Union des instituteurs internationalistes ». A l'unanimité le congrès a décidé de se séparer de l'« Union des instituteurs de toute la Russie » ne reconnaissant pas le pouvoir des Soviets.

(Prawda, 22 sept. 1918.)

Nous savions déjà que les instituteurs russes étaient pour la plupart antibolchewiks. C'est pour cela qu'on en a tant tués, à Kiew entre autres.

Voici d'ailleurs un document typique :

Le manque de fournitures scolaires. — Voronège, 19 septembre. — Le rapport concernant l'instruction publique a montré que les affaires de l'instruction publique sont dans une situation critique à cause du manque de manuels et de fournitures scolaires. La rentrée des classes doit être renvoyée pour cette raison.

(Prawda, 21 sept. 1918.)

Enfin nous abordons une question de doctrine pédagogique :

Réformes scolaires. — Petrograd. — Le système des

classes sera aboli et les enfants seront répartis par groupes selon leurs goûts et leurs aptitudes.

(Prawda, 20 sept. 1918.)

Cette nouvelle a été reproduite par *l'Avvenire del Lavoratore,* le journal bolchewiste italien paraissant à Zurich. On se glorifie évidemment par là d'avoir émancipé l'enfance prolétarienne. Nous disons, nous, qu'on ne saurait que démoraliser des écoliers en les laissant libres de se répartir selon leurs goûts et leurs aptitudes. Un enfant ne sait pas se conduire seul. Il va précisément à l'école pour l'apprendre. Il est trop jeune pour voir le but de l'instruction. Il ne connaît souvent pas ses propres aptitudes. Toute une science s'est créée, avec le temps, grâce au dévouement merveilleux de gens remarquables, comme Pestalozzi, grâce aux capacités pédagogiques de milliers d'instituteurs, pour guider l'enfant dans l'apprentissage de la lecture, de l'écriture, du calcul, de l'observation, de l'expérience, sans recommencer constamment les tâtonnements des troglodytes. Faire diriger l'école par l'écolier, c'est comme de remettre la direction d'un atelier à l'apprenti. Qu'on respecte l'enfant le plus possible; mais ce n'est pas le respecter que de le laisser tâtonner et errer par système.

Si l'école populaire préoccupe peu les bolchewiks, leur conception de la science, intéressante d'ailleurs, est déjà répandue depuis des années en

Europe où de plus en plus les vrais hommes de science, ainsi que les ouvriers qualifiés, comprennent qu'il faut unir l'école et l'atelier, l'auditoire et le laboratoire, le travail manuel et le travail intellectuel, pour en dégager avec force la science du travail, la science de la vie. Rabelais, il y a quatre cents ans, en parlait déjà. Diderot, Proudhon, Robin y sont revenus. Et « l'école du travail » entre partout dans la réalité :

Premier congrès pour toute la Russie des organisations pour la culture prolétarienne, à Moscou. — 3me jour, le 20 septembre, souhaite :

1o La révision systématique du matériel scientifique au point de vue du labeur collectif;

2o Sa rédaction systématique en vue des conditions et des nécessités du travail prolétarien, autant journalier que révolutionnaire;

3o Une propagation dans les masses des connaissances scientifiques sous cette forme transformée.

(Prawda, 20 sept. 1918.)

Résolutions de congrès, peu claires, qui hélas, en l'absence d'écoles, ne peuvent rester que sur le papier.

Par contre, voici du pratique :

20 septembre. — Le comité exécutif de l'Union des communes de la région du Nord ouvre à Smolny, à Petrograd, une école gratuite de préparation, en deux mois, de propagandistes soviétistes professionnels.

Les camarades envoyés par les soviets dans cette école doivent savoir lire et écrire, n'être pas plus jeunes que

18 ans et être munis de certificats des communautés, des soviets ou des comités de pauvreté.

(La pauvreté, 18 sept. 1918.)

C'est le système de la social-démocratie allemande qui avait fondé à Berlin des écoles de secrétaires permanents, c'est-à-dire de professionnels du socialisme — le socialisme devenant une affaire comme la cordonnerie.

Divers.

Si les bolchewiks ne font qu'effleurer le problème de l'instruction publique, ils n'oublient pas de s'attacher de fidèles serviteurs par les procédés renouvelés de la bourgeoisie qu'ils honnissent :

Décoration. — L'Ordre du Drapeau rouge. — Une commission de quatre personnes est nommée pour décerner cette décoration. (*La pauvreté*, No 150.)

Faisons aussi une incursion dans le domaine du droit. *Le Drapeau de la Commune laborieuse,* organe du parti communiste-populaire, donne un compte du Congrès du parti, tenu à Moscou le 20 sept. 1918 :

On entend un rapport sur le «Codex de l'état civil». Un des délégués du congrès déplore l'esprit bourgeois qui se manifeste dans ce code. A propos de la monogamie, il dit : «Nous devons démolir tous les préjugés. On ne peut défendre à aucune personne saine de corps et d'esprit de se marier avec autant de femmes qu'il lui plaira».

On voit que certains bolchewiks ne sont pas arrêtés par le sort des enfants qui peuvent naître, ni par le redoutable problème des maladies vénériennes. Aucun devoir, pas de responsabilité ; on veut disposer des femmes comme d'une propriété commune.

Il nous faut encore citer le document officiel suivant, relevé dans *l'Anarchiste de Briansk* et que rapporte le *Kiewskaïa Mysl*, du 28 septembre 1918 :

Soviet ouvrier de Mourzilowka, 16 septembre 1918. — Mandat au camarade Grégoire Savelieff. Le Soviet donne par la présente plein-pouvoir au camarade Grégoire Savelieff de réquisitionner, d'après son choix et sur ses indications, pour les besoins de la division d'artillerie cantonnée à Mourzilowka, district de Briansk, soixante femmes et jeunes filles de la classe bourgeoise et de celle des spéculateurs, et de les livrer à la caserne.

(Signé) Président du Soviet : SKAMÉIKINE.

Secrétaire : SABELNIKOFF.

L'établissement de la prostitution obligatoire en faveur de la garde prétorienne des bolchewiks est une mesure tellement odieuse qu'elle défie vraiment les mots pour la commenter.

Sur l'échange.

Les bolchewiks, ayant râflé tout l'or des banques pour l'envoyer en Allemagne, selon l'une des principales clauses du traité de Brest-Litowsk, ont été obligés d'encombrer la population de billets de banque. Mais ceux-ci n'inspirent aucune confiance. Aussi en revient-on, un peu partout, dans la Grande-Russie, à l'échange entre objets. C'est ainsi qu'à la foire de Nijni-Novgorod, le commerce s'est fait par simple trafic de marchandises, sans intermédiaire monnayé :

Correspondance de la campagne. — Dans notre gouvernement (Yaroslavl) on ne peut obtenir quoi que ce soit pour de l'argent. On y pratique l'échange, le troc. Pour une livre de thé on obtient vingt kilogs de farine, pour un paquet d'allumettes, une mesure de pommes de terre et ainsi de suite. (*La pauvreté*, 19 sept. 1918.)

Pour la même raison de manque de crédit, le régime Lénine-Trotsky n'est pas arrivé à organiser le ravitaillement des villes. D'où le fameux décret sur les réquisitions à la campagne par des ouvriers. A tour de rôle, les diverses professions ou usines ont la faculté d'envoyer chez les paysans des bandes de délégués armés afin d'amener en ville qui du blé, qui des pommes de terre, qui de la viande. Voici comment cela se passe :

On va chercher du pain. — La Commission centrale retourne pour être corrigées et complétées les listes des employés inférieurs de l'assurance sociale et des télégraphistes. Doivent être biffées de ces listes les personnes faibles physiquement, les ouvriers indispensables sur place, les personnes mobilisables, de même que les éléments peu sûrs, tels les anciens officiers et messieurs les socialistes-révolutionnaires du centre...

La Commission centrale vient de composer la 5me expédition de réquisition d'après les listes suivantes: Liste N° 39, employés de la Banque populaire, 145 personnes; moniteur Kisseloff, substitut Chachine, caissier Grégorieff. Liste N° 40, Union des domestiques, 131 personnes; moniteur Bogatchoff, substitut Iwanoff, caissier Pavloff. Liste N° 41, employés des postes et télégraphes, etc. (Rubrique sur deux colonnes de la *Gazette rouge* de Petrograd, du 6 septembre 1918.)

Ces descentes de citadins à la campagne provoquent sans cesse des conflits armés, car beaucoup de paysans, revenus du front, sont eux-mêmes armés; les délégués s'efforcent d'avoir avec eux des clous, des allumettes, du sel, du goudron, du tabac, des étoffes.

L'armée du travail.

Nous donnons maintenant quelques-uns des très nombreux documents de même genre que renferment les journaux bolchewiks; c'est la corvée rétablie pour certaines personnes, mais nullement pour les privilégiés des Soviets:

La mobilisation de la bourgeoisie. — Dans le gouvernement de Saratoff, la bourgeoisie est mobilisée. Les femmes raccommodent les sacs; les hommes déblaient les décombres d'un grand incendie. Dans le gouvernement de Samara, les bourgeois de 18 à 50 ans, ne vivant pas de leur labeur, sont également dénombrés. *(La pauvreté, 19 sept. 1918.)*

Voronège, 28 septembre. — Le comité de pauvreté a décidé d'attirer toute la classe possédante aux travaux communaux (fossoyage, desséchage de marais, etc.)
(La pauvreté, 29 sept. 1918.)

Viatka, 24 septembre. — La mobilisation des « fainéants» (bourgeois) est décrétée.
(La pauvreté, 26 sept. 1918.)

Svotschevka, 28 septembre. — On procède à la concentration de la bourgeoisie et au transfert des pauvres dans les appartements commodes et sains. La bourgeoisie nettoie les rues. *(La pauvreté, 29 sept. 1918.)*

Nevel, 26 septembre. — Le Comité exécutif a décrété la mobilisation de la bourgeoisie de la ville et de la campagne. Tous les bourgeois en état de travailler sont obligés de faire des corvées sans rémunération.

Kostroma, 26 septembre. — La bourgeoisie mobilisée travaille au pavage des rues.

Le Comité exécutif du Soviet du gouvernement de Moscou a décidé d'introduire dans tous les districts le service des travaux forcés pour toutes les personnes de 18 à 50 ans appartenant à la classe non-laborieuse.
(La pauvreté, 27 sept. 1918.)

Mobilisation des fainéants. — Wiatka, 24 septembre. — Est décrétée la mobilisation de la population de 21 à 25 ans. Pour non comparution: la cour martiale et la confiscation des biens de l'appelé et de tous ses parents.
(La pauvreté, 29 sept. 1918.)

Mobilisation des parasites. — Odoeff, 28 septembre. — Le Soviet du district a mobilisé la bourgeoisie, les prêtres et autres parasites pour les travaux publics : réfection des pavages, nettoyage des étangs-et autres.

(*La voix du paysan laborieux*, 1er oct. 1918.)

La définition de fainéant, parasite, bourgeois, est d'ailleurs très extensible, puisqu'à Tsaritsine on a mobilisé « les femmes » pour la moisson. Tout simplement.

Que chacun contribue à nettoyer la voie publique, nous sommes d'accord ; et que cela soit fait par équipes, cela peut être nécessaire. Mais alors que tous les gens valides y passent. Au lieu de cela, on a le système des travaux forcés appliqué à une classe de gens, aisés ou intellectuels autrefois, actuellement pour la plupart dépouillés de tout. Cette conquête de la civilisation qui différencie le salarié du serf : *le droit de discuter les conditions du travail*, n'existe pas en régime soviétiste. On pousse l'odieux jusqu'à organiser des camps de concentration ou des colonies de travail — comme pour des repris de justice — et on vient les voir pour s'amuser. Des bourgeois s'étant conduits en canailles vis-à-vis du prolétariat, celui-ci, grâce à ses chefs, devient canaille et demie le jour où il a pris la place des bourgeois :

Une communauté de propriétaires. — Vitebsk, 22 septembre. — Dans le district de Velysk il a été décidé d'expulser de leurs terres tous les propriétaires et gros fermiers,

de les réunir en seul endroit et de les organiser en communauté coërcitive.   (*La pauvreté*, 24 sept. 1918.)

Echos de la campagne (Gouvern. de Smolensk). — Bien-
tôt nous aurons une communauté très intéressante : nous
réunissons ensemble tous les propriétaires fonciers du district, leur assignons une seule propriété, leur donnons l'in-
ventaire nécessaire et les faisons travailler... Viens voir ce
miracle ! Il est évident que cette communauté est strictement
surveillée. La chose paraît vouloir marcher !
          (*La pauvreté*, 20 sept. 1918.)

Transformer une société injuste en une plus
injuste, mettre à la place des exploiteurs capitalistes
des parasites aux mains sales, remplacer le salarié par le serf, voilà ce que les bolchewiks enten-
dent par socialisme. Avouons que c'est humiliant
pour l'humanité du vingtième siècle. Puis le régime
soviétiste n'a, en fait de travaux à faire exécuter,
que les rues à nettoyer, les égoûts à réparer, les
casernes à laver ! Evidemment, le travail dans des
usines, ateliers, chantiers, exige une surveillance
technique sérieuse, une préparation, la distribution
de la main-d'œuvre, une participation active, toutes
choses que les dirigeants des soviets sont incapables
d'assurer. Alors, on fera balayer les rues, et encore,
et toujours ; des gardes-rouges suffisent pour con-
trôler les bourgeois-serfs qui balayent ; ils suffisent
pour l'existence des maisons de force. Mais qui
osera dire que c'est du socialisme ?

Voici d'ailleurs un document qui illustrera rapidement les tendances réelles des bolchewiks:

Les passeports sont remplacés: pour la classe non-laborieuse, de ·14 à 55 ans, par des livrets de labeur, pour les autres par des livrets individuels.

(*La voix du paysan laborieux*, 17 sept. 1918.)

C'est la mise en carte de la classe non-laborieuse, devenue corvéable. à merci, rappelant cette affreuse institution que les ouvriers français ont eu tant de peine à faire disparaître par la révolution de 89 et que Napoléon avait essayé de rétablir. Mettre en carte des enfants de quatorze ans sous prétexte qu'ils sont fils de bourgeois dénote également une belle dose de cruauté. Et voyez encore, l'inégalité soviétiste qui donne aux prolétaires d'hier — privilégiés d'aujourd'hui — non des livrets de labeur, de labeur forcé, mais des livrets individuels, la liberté de fainéanter. C'est l'inégalité décrétée.

Les travaux forcés.

Nous venons de dire que les bolchewiks ont institué pour une partie de la population russe — les anciens bourgeois et les intellectuels, aujourd'hui pour la plupart dépouillés d'à peu près tout — le travail forcé. Les partisans des Soviets, qui peuvent d'ailleurs être de parfaits bourgeois de nais-

sance, de formation, d'existence, tels les ministres
Lénine, Trotsky, Lounatcharsky, etc., échappent aux
obligations nouvelles :

Perm, 23 septembre. — Dans un des districts du gouvernement de Perm, le soviet a décidé d'appliquer le principe suivant: Qui ne travaille pas, ne mange pas. Il a été
décidé de ne fournir aucun produit alimentaire à ceux qui
ne travaillent pas.   · (*La pauvreté*, 27 sept. 1918.)

En fait, sont mis hors la loi, non pas ceux qui
refusent de travailler, ce qui se comprendrait, mais
ceux qui refusent de faire le travail imposé par le
Soviet, ce qui est tout différent. La preuve, c'est que
le travail qu'on veut choisir de son propre chef
est interdit, ainsi que le relate le numéro 287 du
journal *Le soldat citoyen* (non bolchewiste) :

Les avocats de Saratoff demandent au Soviet local
l'autorisation de fonder une savonnerie pour gagner leur
vie. Le Soviet refuse l'autorisation en motivant qu'il n'est
pas admissible que des bourgeois fassent la concurrence
aux ouvriers.

Toute cette question des travaux forcés pour
certains et pas pour d'autres est entrée dans la pratique à la suite d'un rapport de Larine, alors Commissaire du peuple pour le travail, sur le « programme économique » du gouvernement de Moscou :

Une redistribution de la main-d'œuvre dans le pays,
par les soins d'une organisation autonome des travailleurs
eux-mêmes doit être faite, avec suppression, pour les ou

vriers, du travail obligatoire, qui ne pourrait qu'asservir le prolétariat aux paysans, et d'une façon générale, ne pourrait avoir aucune utilité en présence du chômage général. Cette obligation ne peut être adoptée que pour les personnes n'ayant pas besoin de travailler pour vivre: les membres des classes ci-devant dominantes.

(Izwestia, Les nouvelles, 17 avril 1918.)

C'est donc bien, en plein XXme siècle, le travail forcé civilement rétabli; c'est donc pour certains habitants de Russie une situation très inférieure à celle du salarié qui a, lui, le droit de choisir son métier et de discuter les conditions du travail; c'est donc un recul sur la Société capitaliste.

La reprise.

La question de l'expropriation est résolue d'une façon expéditive. On enlève aux citoyens qualifiés bourgeois ce qu'on appelle « le surplus », c'est-à-dire ce qui passe arbitrairement dans la tête des soviéteurs locaux:

Saisie du surplus. — Troubtschevsk, gouv. d'Orel, 8 septembre. — Le comité exécutif a décidé d'enlever aux bourgeois tous les biens de trop et de les remettre à la population pauvre. Pour réaliser pratiquement cette décision, un collegium spécial est élu. *(La pauvreté,* 11 sept. 1918.)

Le surplus c'est, parfois, d'avoir plus d'un coin de chambre pour soi, car, en quelques endroits, on

divise la chambre en quatre et quatre « bourgeois »
ont le droit de se tenir dans les coins ; les autres
chambres sont occupées par les « prolétaires » qui
sont chargés de surveiller les « contre-révolutionnaires », leurs voisins, afin que ceux-ci ne complotent
pas. C'est ce qu'on appelle la « concentration stratégique des locataires », dont les journaux de Moscou
ont été remplis. En voici un écho :

Punition d'un comité de maison bourgeois. — Pour avoir
opprimé des gens pauvres et ne pas leur avoir fourni des
locaux hygiéniques, le Comité de maison N° 5-15, sur le Pont
des Maréchaux, est puni par la « Commission de la concentration stratégique des locataires », à Moscou, d'une amende
de 30 000 roubles. Le président de ce Comité de maison,
Kossowsky, est arrêté et expulsé de Moscou administrative-
ment. *(Prawda,* 20 sept. 1918.)

L'expropriation soviétiste, pour bien marquer
qu'elle n'est point une mesure d'intérêt général,
ainsi que le voudrait le principe socialiste de l'expropriation, renverse tout simplement, le plus souvent, les situations :

La migration des laborieux. — Smolensk, 19 septembre.
— Pour lutter avec la crise des logements, le soviet de la
ville a décidé d'examiner tous les appartements, de faire
occuper par la bourgeoisie les logements des ouvriers et de
faire loger ceux-ci dans les anciens appartements des bourgeois. *(Prawda,* 21 sept. 1918.)

Ailleurs, l'expropriation soviétiste prend la
forme d'une répression, ce qui en montre bien le

caractère exceptionnel, opportuniste, stratégique, non social :

Dans le gouvernement de Saratoff, les bolchewiks ont confisqué chez les capitalistes tout le *surplus* en punition de l'appui donné aux Tchéco-slovaques.
(*La voix du paysan laborieux*, N° 222.)

Au soviet de Moscou, en assemblée plénière. — Ce n'est que lorsque seront organisés les comités de pauvreté des locataires que nous réussirons avec leur aide et leur contrôle, à étouffer la bourgeoisie.
(*La volonté du labeur*, N° 13, 29 sept. 1918.)

Lutte de parti.

Voici quelques documents sur la lutte contre les anti-bolchewiks :

Dans Moscou reconquise. — Les agitateurs de la garde blanche. Etat-major, 21 septembre. — Comme une partie de la garde blanche est restée à Moscou, et tout en circulant parmi les soldats, s'adonne à la propagande contre-révolutionnaire et abreuve les gardes rouges, le commandant de l'armée a décidé de fusiller sur place les criminels de cette espèce. (*La pauvreté*, 24 sept. 1918.)

Et on n'y va pas de main morte contre les adhérents de hier :

Le plus terrible ennemi du pouvoir des soviets. — Tschoudovo, 24 septembre. — La commission extraordinaire de Tschoudovo pour «la lutte avec la contre-révolution et la spéculation » a ordonné de fusiller l'ancien membre du soviet de Tschoudovo, le citoyen Simanoff pour son activité anti-soviétiste, ivrognerie et autres crimes.

(*Izwestia* (*du soir*), Moscou, 24 sept. 1918.)

Le système des otages fleurit à merveille. Les innocents paient pour les coupables afin de bien montrer que le régime Lénine-Trotsky n'a rien à faire avec la plus élémentaire équité. C'est comme les Allemands en Belgique, en 1914 :

Tambow, 25 septembre. — Sont fusillés 40 notables bourgeois en réponse aux derniers actes terroristes de l'armée blanche. (*La volonté du labeur*, 25 sept. 1918.)

Voici qui est d'une sinistre éloquence :

Dénombrement de la bourgeoisie. — Yaroslavl, 9 septembre. — Dans tout le gouvernement se fait un dénombrement exact de la bourgeoisie et de ses acolytes. Les éléments franchement anti-soviétistes sont fusillés, les éléments suspects sont enfermés dans les camps de concentration, la population non-laborieuse est astreinte à des corvées.

(*La pauvreté*, organe du Comité central du parti communiste (bolchéwik) russe, 11 septembre 1918.)

Ce communiqué terrifiant est suivi, quinze jours plus tard, de l'idyllique tableau que voici :

La régénérescence de Yaroslavl. — La ville sera rebâtie d'après un plan grandiose de cité-jardin.

La vie à Yaroslavl reprend peu à peu : dans toutes les institutions le travail se fait activement, les trams marchent, les cinémas sont ouverts, les théâtres s'ouvrent. La panique semble diminuer ; les cancans, radotages et frayeurs de la population ont l'air de disparaître. La vie à Yaroslavl peut être appelée presque régulière.

(La pauvreté, 27 sept. 1918.)

Les commentaires des malheureux sur l'assassinat de leurs parents deviennent, dans les organes soviétistes, des cancans. On n'est pas plus gentil.

Un mot est vite trouvé aussi pour légitimer les pires mesures. Et des paysans, socialistes-révolutionnaires cependant, refusent-ils de livrer leurs vivres à la soldatesque de la garde rouge ou aux bureaucrates des soviets, ils sont traités d'« accapareurs ». Et c'est à coups de canons qu'on y va :

Bataille avec les accapareurs des campagnes. — Zakowski, membre de la Commission extraordinaire, communique ce qui suit :

La Commission extraordinaire, étant informée que dans le gouvernement de Saratoff s'organise une insurrection des accapareurs, y a envoyé des milices ouvrières avec de l'artillerie et des agitateurs.

L'expédition dut prendre les accapareurs par le feu de l'artillerie. On fusilla en tout 36 accapareurs, quelques contre-révolutionnaires, des socialistes-révolutionnaires de droite, parmi lesquels Zwanwiger et Lioubimoff.

(La pauvreté, 11 sept. 1918.)

Sur les travailleurs indépendants.

Ce n'est d'ailleurs pas qu'à la classe bourgeoise, paysanne ou intellectuelle que s'adresse le terrorisme des bolchewiks. Peu à peu, ils sont gagnés eux-mêmes par leurs exploits. Hier, c'était les contre-révolutionnaires du capitalisme qu'on écrasait. Aujourd'hui, c'est déjà les alliés du bolchewisme, les socialistes-révolutionnaires de gauche qu'on nettoie. Et voici que les soviétistes eux-mêmes vont y passer. La mare de sang monte qui engloutira tout :

Nettoyage dans les Soviets. — Vitebsk, 17 septembre. — Les élections pour les soviets des districts ont lieu à nouveau pour en éloigner les popes, gros paysans et socialistes-révolutionnaires de gauche.

(La pauvreté, 20 sept. 1918.)

Le 22 septembre, à 11 heures du matin, dans le local du club de l'imprimerie des Izwestia, Tverskaïa, 48, entrée par la cour, au 6me étage, assemblée de la fraction des communistes de l'Union des journalistes soviétistes. Les absents seront soumis à des répressions de parti.

(Prawda, 20 sept. 1918.)

Ce n'est donc plus la dictature du prolétariat, puisque les professionnels bolchewiks eux-mêmes sont sous la menace non du « prolétariat », mais des répressions de « parti ».

Voici qui montrera les atteintes à la presse syndicale même, à la liberté des éléments prolétaires par essence :

Fermeture de journaux. — Le Département de la presse décide la fermeture définitive, pour appel et agitation au renversement du pouvoir des soviets, des revues suivantes :

« L'union professionnelle », « Le typographe » et le journal
« La voix du libre labeur ».

(La pauvreté, 17 sept. 1918.)

On met pour finir sous le nom de « saboteurs »,
tous les anti-bolchewiks, qu'ils soient ouvriers ou
pas. Et les saboteurs, c'est bon à fusiller :

Fusillade des saboteurs. — Le soviet de Vitebsk a décidé
la question de la fusillade des saboteurs. Les condamnations
à mort partiront de la Commission extraordinaire et seront
ratifiées par le président de la dite commission.

(La pauvreté, 17 sept. 1918.)

On sait, en effet, que des ouvriers ont été mi-
traillés « en masse », sous le gouvernement bolchewik à Ijewsky Zawod, à Yaroslavl, à Zlatooust, à
Oboukhoff et à Kolpino (Petrograd), et bien ailleurs.
Dans un numéro d'octobre 1918 de la *Prawda,* dont
j'ai malheureusement omis de noter la date, j'ai
trouvé, entre autres, un rapport de la « Commission
extraordinaire pour la lutte avec la contre-révolution » d'après lequel 6220 personnes avaient été
arrêtées dont 800 exécutées séance tenante sans
jugement quelconque.

Service militaire obligatoire.

Les bolchewiks, qui se sont attaché les soldats
de l'ancienne armée du tsar et du Gouvernement

provisoire, en déclarant qu'il n'y aurait plus d'armée, que toute l'armée serait licenciée, en reviennent sans broncher au service militaire obligatoire, d'abord par essai de persuasion, puis par menace, et enfin par décret. Dans l'article de tête de l'organe bolchewik *La pauvreté,* du 24 septembre 1918, à propos de la technique militaire des soviétistes, une réponse est faite à un paysan, ancien soldat, refusant de s'enrôler dans l'armée rouge ; l'auteur cherche à prouver que le matériel de guerre de l'armée rouge est meilleur qu'il ne l'était sous l'ancien régime et sous Kerensky, et il ajoute :

« ... Si malgré cela, tu persistes dans ton refus... alors nous considérerons comme acquis que tu n'es qu'un contre-révolutionnaire. »

Voici d'ailleurs un décret officiel :

Actes et ordres du pouvoir soviétiste. Appel au service militaire.

Le Commissariat des affaires militaires de Moscou, en se basant sur le désir du Soviet militaire révolutionnaire de la République, appelle au service militaire dans les gouvernements environnants et dans la ville de Moscou : 1° tous les citoyens nés en 1898 ; 2° anciens officiers et sous-officiers de 1890 à 1897. Les derniers doivent se présenter le 1er octobre, les autres le 15 octobre.

Toutes les personnes auxquelles s'adresse cet appel de mobilisation seront gardées en service jusqu'à décision du Soviet militaire révolutionnaire de la République, selon la situation militaire du pays.

La responsabilité pour les réfractaires tombe, selon le même décret, non seulement sur les Commissariats militaires de gouvernements, districts et communes, mais aussi sur les chefs de famille auxquelles appartiennent les mobilisables, sur les présidents des Sovdeps (Soviets des députés), sur les Comités de fabrique et de maison, selon le lieu de travail et de domicile des mobilisables.

(Prawda, Moscou, 21 sept. 1918.)

Malheur surtout aux familles des réfractaires officiers :

Décret N° 903 (signé Trotsky). — Constatant le nombre croissant des transfuges, surtout dans les commandements, ordonne d'arrêter comme otages pour ces transfuges, tous les membres de la famille dont on pourra se saisir : père, mère, frère, sœur, femme et enfants.

(Izwestia, de Moscou, 18 sept. 1918.)

Peut-on imaginer pire barbarie que celle de se saisir des enfants d'un transfuge ? Les bolchewiks ont dépassé de beaucoup, dans leur recul de la vindicte publique appelée justice, la loi du talion qui nous paraît cependant si loin déjà. Le décret 903 sera l'une des grandes flétrissures du pouvoir bolchewik. Il est d'autres décrets, scandaleux au dernier degré.

Contre le droit de manger.

Les bolchewiks, dans la question du ravitaillement de la population, ont divisé celle-ci en quatre catégories. Chaque habitant possède une carte qui fixe la norme des denrées alimentaires auxquelles il a droit, d'après sa situation sociale. Fin août 1918, à Pétrograd, les divisions étaient celles-ci :

Iʳᵉ catégorie : Gardes rouges et ouvriers ;
IIᵐᵉ » Petits employés et domestiques ;
IIIᵐᵉ » Fonctionnaires (anciens) ;
IVᵐᵉ » Intellectuels et bourgeois.

Et ils avaient droit de recevoir chaque jour ceci :

Iʳᵉ catégorie : $\frac{1}{2}$ livre de pain, 5 harengs ;
IIᵐᵉ » $\frac{1}{4}$ » 5 »
IIIᵐᵉ » $\frac{1}{8}$ » 3 »
IVᵐᵉ » — » 3 »

Pour Moscou, nous avons trouvé les trois tableaux que voici :

Depuis le 20 septembre, il sera vendu de la viande :

Aux porteurs de la carte de la Iʳᵉ catégorie : 1 livre ;
» » » IIᵐᵉ » $\frac{3}{4}$ »
» » » IIIᵐᵉ » $\frac{1}{2}$ »

Cartes de pain. — Le 22 septembre sera délivré du pain pour deux jours :

A la Iʳᵉ catégorie : 1 livre ;
» IIᵐᵉ » $\frac{3}{4}$ »
» IIIᵐᵉ » $\frac{1}{2}$ »
» IVᵐᵉ » $\frac{1}{4}$ »

(*Prawda*, Moscou, 20 sept. 1918.)

Pommes de terre :

Ire catégorie : 16 livres
IIme   »   12 »
IIIme   »   8 »
IVme   »   4 »   à 80 kopeks la livre.

(Prawda, Moscou, 24 sept. 1918.)

Aucun commentaire n'est à faire à cette partialité criante de ne donner au travailleur intellectuel (professeur, médecin, ingénieur, architecte, chimiste, etc.) que le quart de la ration — quand ce n'est pas rien — de la ration d'un garde-rouge. Ajoutons que les dirigeants du Soviet ont par contre des rations supplémentaires, ainsi que beaucoup de défenseurs attitrés du régime. Jamais, sauf à l'époque la plus sombre du haut moyen-âge on n'a pareillement méprisé une partie de la population d'un pays.

Pour ajouter à l'odieux de cette inégalité décrétée, on cherche à repêcher quelques intellectuels et artistes :

Décret sur les mesures pour l'amélioration de la situation des savants. — Ceux des savants qui déclarent vouloir mettre leurs forces au service des Soviets et peuvent fournir des preuves de leur participation à des sociétés savantes, de même que les professeurs et le personnel enseignant des écoles supérieures sont :

1o Transférés dans la 1re catégorie des cartes alimentaires ;

2o Autorisés à garder (en plus de la norme des chambres) un cabinet de travail, bibliothèque ou laboratoire ;

3º Dispensés de l'impôt en nature par vêtements d'hiver, en remplaçant.par une somme d'argent.

Autre décret sur le transfert dans la 1ʳᵉ catégorie des artistes des théâtres de l'Etat, motivé par un surcroît de travail.

Les deux décrets signés:

LOUNATCHARSKY.

(*La Commune du Nord*, 27 oct. 1918.)

Les intellectuels qui ne se déclarent pas bolchewiks sont donc destinés à mourir de faim et à être dépouillés de leurs moyens de travail, de leur chambre et de la plupart de leurs vêtements. La science, en régime bolchewik, doit se subordonner à la politique — précisément une des grandes erreurs et oppressions que l'humanité a mis des siècles à rejeter, que la démocratie, puis le socialisme se sont toujours donné pour tâche d'abolir.

Conclusions.

Nous avons montré par des documents pris chez les bolchewiks eux-mêmes :

1º Que les écoles ne marchent pas ;

2º Que les fabriques sont fermées, ou détruites en grande partie ;

3º Qu'on en est revenu, en Russie, en maints endroits, au troc ;

4° Que la corvée est établie pour beaucoup de citoyens, pas pour tous ;

5° Que le servage existe, dans les camps de concentration ;

6° Que la taille et la dîme sont imposées à tout ce qui n'est pas garde-rouge, prolétariat officiel ou soviétiste ;

7° Que l'éviction fonctionne contre les « contre-révolutionnaires » ;

8° Que l'expropriation consiste, par exemple, à mettre les « pauvres » dans les appartements des « bourgeois » et ceux-ci dans les taudis ;

9° Que les réquisitions prennent la forme d'expéditions par bandes armées, comme chez les féodaux ;

10° Que la pensée est subordonnée au pouvoir ;

11° Que la vengeance sur les parents remplace tout essai de recherche en justice ;

12° Que le droit même de manger est contesté à certains ;

13° Que l'organisation ouvrière n'a le droit d'exister que si elle est bolchewike, sous peine de répression de parti.

Et vous serez forcé d'admettre, avec moi, que ce tableau de la Société bolchewike du XXe siècle plaque étrangement sur celui de la Société barbare du XIe siècle.

Dr NATHALIE WINTSCH-MALÉEFF.

Post-scriptum. — A notre grand regret nous n'avons plus pu avoir de journaux bolchewiks depuis le mois de novembre 1918. Cependant tout ce que nous avons rapporté continue à être confirmé par tous les témoins oculaires qui reviennent de Russie. Citons entre-autres les paroles de H. Scavenius, ambassadeur danois à Petrograd, revenu de cette ville le 22 décembre 1918 :

« Petrograd est à la veille de la mort par famine. Les classes traitées par les bolchewiks de bourgeoises reçoivent tous les deux jours un petit hareng. Toute la machine gouvernementale est en déroute complète car il n'y a que des gens inexpérimentés et incapables dans l'administration...

» Le dernier espoir des bolchewiks est d'amener les autres pays à un état pareil à celui de la Russie. Les bolchewiks considèrent les social-démocrates comme leurs pires ennemis...

» Pour abattre le bolchewisme et empêcher sa propagation chez les autres peuples, il faudrait une intervention des Alliés. Mais ne pas attendre jusqu'au printemps. L'intervention doit avoir lieu immédiatement. Si elle ne se produit pas, les gens de Pétrograd n'auront qu'à se coucher et à mourir. »